AF337707

TRADUCTION

D'UN SERMON,

du troisième Vendredi de Carême, prêché devant le Roi notre Seigneur, dans sa Chapelle royale, le 24 février 1815;

PAR LE T. R. P. M. F. JOSEPH DU SAUVEUR (DEL SALVADOR),

CARMÉLITE DÉCHAUSSÉ, EX-LECTEUR DE THÉOLOGIE, ÉCRIVAIN DE SON ORDRE, EXAMINATEUR SYNODAL DE L'ARCHEVÊCHÉ DE TOLÈDE ET DE L'ÉVÊCHÉ DE CORDOUE, QUALIFICATEUR DE L'INQUISITION DE LA COUR, THÉOLOGIEN CONSULTANT DE LA TRÈS-PURE CONCEPTION DE LA TRÈS-SAINTE MARIE, MISSIONNAIRE APOSTOLIQUE ET PRÉDICATEUR DU ROI NOTRE SEIGNEUR;

Par C ***.

Malos malé perdet, et vineam suam locabit aliis agricolis.

MATH. CAP. XXI, LUC. CAP. XX.

Il perdra les méchans, et confiera sa vigne à de meilleurs cultivateurs.

MATH CHAP. XXI, LUC. CHAP. XX

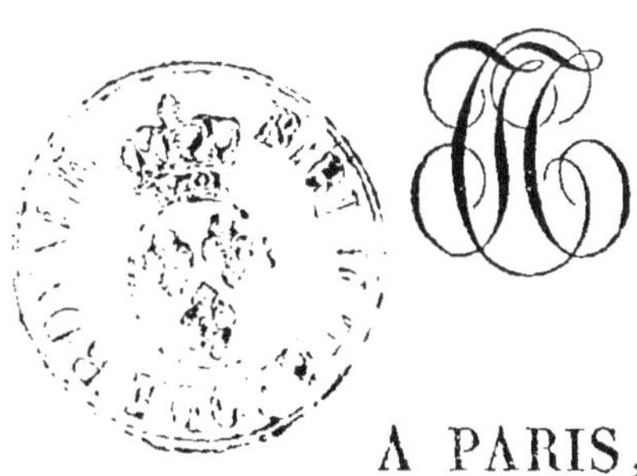

A PARIS,

CHEZ C. J. TROUVÉ, IMPRIMEUR-LIBRAIRE, RUE DES FILLES-SAINT-THOMAS, N° 12.

1824.

AVANT-PROPOS.

—————◆—————

Les événemens de 1814, qui mirent un terme aux
bouleversemens européens qui depuis trente ans agi-
taient toutes les nations, me trouvèrent sous le beau
ciel d'Andalousie : les chances de cette étrange guerre,
dont la conduite inhabile et impolitique répondit à
l'iniquité du système qui l'avait enfantée, m'avaient
porté jusqu'aux extrémités de la Péninsule. Après avoir
pris part, pendant deux ans, à l'occupation des provinces
méridionales, les hasards de la guerre y prolongèrent
mon séjour pendant deux années de plus. Au commencement des opérations qui avaient pour but l'évacua-
tion de l'Andalousie, je tombai blessé au pouvoir de
l'ennemi. Le jour de ma captivité fut marqué par de
véritables dangers, qui, dans ce genre de guerre, sur-
vivaient aux combats; mais, ce jour passé, je n'eus
plus qu'à me louer des soins généreux dont je devins
l'objet. Cette lutte entre deux peuples que la nature et
leurs intérêts communs destinent à l'alliance la plus in-
time; cette lutte, qui s'était annoncée sous les allures
sanglantes des guerres civiles, en se prolongeant, n'a-
vait, il est vrai, rien perdu de son énergie, mais heureusement elle avait perdu une grande partie de son

caractère de férocité. Une estime réciproque, fondée sur de beaux faits d'armes, sur le spectacle admirable d'une constance à l'épreuve des revers, cimentée de part et d'autre par des actions généreuses, avait pris la place de cette fureur aveugle, de cette rigueur de représailles qui, dans le commencement de la guerre, avait dû flétrir plus d'une fois les lauriers même de la victoire. Dans l'intervalle des combats, les vertus et les sentimens qui appartiennent à l'ordre social avaient recouvré leurs droits; je ne tardai pas à en éprouver les effets. J'étais le seul officier français dans le grand hôpital de Séville; je fus placé dans une salle qui se trouvait presque entièrement remplie de jeunes cadets, dont les premières fatigues de la campagne avaient ébranlé la santé. Je puis dire, avec vérité, que mon lit de douleurs fut entouré par eux des plus nobles égards, et par des officiers plus âgés de l'hommage d'une reconnaissance bien douce à mon cœur, puisque chez ces derniers elle était provoquée par le souvenir de ces consolations affectueuses dont le sol français avait, dans le cours de cette même guerre, allégé le poids de leur captivité militaire. Je pouvais être fier, et je l'étais, de cette reconnaissance, dont le tribut était offert à un captif, et proclamée par une bouche qui racontait en même temps les malheurs du sac de Badajoz, et qui consentait à établir des rapprochemens si flatteurs pour mon pays entre un ennemi qui ne voyait dans cette guerre que la gloire des combats, et un allié dont les secours, la protection ou les faveurs reposaient sur un calcul d'intérêt personnel, et s'associaient souvent aux humiliations et aux outrages. Aussitôt que mes blessures me permirent d'être transporté, j'obtins de revenir habiter la ville où j'avais passé la plus grande partie du temps de l'occupation. Sans avoir été assez heureux pour y faire beaucoup de bien, j'avais la conscience de n'y avoir laissé aucune cause d'inimitié personnelle : l'événement justifia mes espérances. Je ne parle pas ici des consolations que je trouvai dans le sein de l'amitié : elles ont été de nature à ce que cette époque de ma vie ne pourra jamais s'effacer, ni de mon souvenir, ni de ma reconnaissance. Mais, jusqu'aux inconnus, tous m'accueillirent avec les sentimens d'une bienveillance générale, dont la mémoire ne peut, non plus, me laisser désormais indifférent au sort de ce coin de terre, où mes malheurs trouvèrent, de la part de l'autorité, tant d'égards obligeans ; de la part de tous ceux que j'avais connus avec plus ou moins d'intimité, tant de témoignages d'intérêt ou même d'affection.

La liberté dont je jouis alors dans cette résidence me donna de fréquentes occasions d'être en rapport avec beaucoup de gens qui exerçaient une grande influence sur les destinées de ce pays. Plusieurs de ceux qui depuis sont devenus de grands coupables, n'étaient encore que des esprits trompés ; leurs rêves ne s'étaient encore souillés ni de trahisons ni de sang. J'ai récemment soutenu assez haut qu'il eût fallu depuis beaucoup moins tarder à les combattre, pour avoir le droit de dire qu'une suite de circonstances déplorables pour la monarchie et pour le roi lui-même ont placé dans les rangs d'une inimitié irréconciliable plus d'un homme dont les talens eussent pu être utilisés pour le bien du pays et pour la gloire du trône.

J'avais presque assisté à cette traduction précipitée de la constitution de 91, qu'on prit pour une création nouvelle, et qu'on appela la Constitution de Cadix. Je voyais souvent alors une partie de ses rédacteurs, et, dans la liberté de nos discussions, je n'hésitais pas à leur dire qu'ils avaient fait la part du pouvoir royal si petite, qu'il leur serait impossible d'empêcher que leur pays ne tombât dans l'anarchie, soit qu'il passât par le despotisme ou par la révolte. Plusieurs de ceux qui avaient voté les dispositions les moins sages de ce code en convenaient avec moi ; mais ceux-là même se faisaient illusion sur son application, et se flattaient de pouvoir se modérer dans l'exercice d'un pouvoir exorbitant, qui ne permettait plus d'équilibre. Encore tout froissés de l'absurde arbitraire d'un Godoy, qui, pendant vingt années, n'avait point trouvé de contradicteurs (et qui a plus fait pour la subversion de l'ordre social que dix assemblées comme celle de Cadix), la plupart se croyaient excusables de prendre ce qu'ils appelaient des précautions contre le retour de pareils excès ; mais, en franchissant eux-mêmes toutes les limites de leurs droits les plus largement reconnus, soit qu'ils aient été poussés par des craintes plausibles ou par l'ambition, ils se trouvèrent bientôt jetés hors de la ligne de leurs devoirs ; et, dans cette direction pour peu qu'on fasse de chemin, il devient bien difficile de faire un pas rétrograde.

Quelque peu connues que soient les véritables circonstances de ces événemens, que l'esprit de parti à présentés, de part et d'autre, sous un jour si différent de celui de la vérité, ce n'est pas ici le lieu d'en écrire l'histoire. Il suffit à l'esquisse rapide que je me suis proposé de tracer, de dire que le roi, qui n'avait pu méconnaître les sacrifices et le dévoûment de ses peuples, et particulièrement de ceux qui en avaient organisé et soutenu la noble résistance, mais qui ne pouvait non plus sanctionner les empiétemens d'une faction qui avait inconsidérément et témérairement ébranlé toutes les bases de l'édifice social, répondit alors à tous les véritables besoins de son pays, en proclamant que, dans l'impossibilité de reconnaître l'ouvrage illégitime d'un pouvoir qui avait fait un usage exorbitant des facultés dont la force des circonstances l'avait investi, il se proposait d'appeler près de lui, et dans un terme rapproché, les conseillers légitimes du trône et de la nation, afin qu'en s'éclairant de leurs lumières, il pût cicatriser toutes les plaies de la patrie et payer les immenses sacrifices de ses enfans, en faisant jaillir de ses maux présens et passés de nouvelles sources de grandeur et de gloire.

J'étais encore en Espagne lors de la publication de cette proclamation, et je puis dire qu'elle satisfit à tous les vœux. La minorité, qui momentanément tenta de résister, put se convaincre que la plus noble confiance animait l'immense majorité d'une nation qui ne consultait que son amour pour remettre toutes ses destinées aux mains d'un prince avec lequel et pour lequel elle avait si long-temps souffert, si long-temps combattu, si glorieusement triomphé.

Heureuse l'Espagne! heureux, mille fois heureux le prince lui-même! si, prenant alors la direction d'une opinion peu exigeante, il eût fait à l'expérience des maux passés, à la reconnaissance des sacrifices sans nombre dont il avait été l'objet, le petit nombre de concessions que commandait la raison.

Ce fut à cette époque que je quittai l'Espagne. Ce pays, à mon retour en France, était encore fréquemment le sujet des entretiens politiques. Ceux qui n'avaient point vu avec une complète satisfaction le régime que la sagesse du Roi de France avait cru devoir faire prévaloir dans ses États, ne croyaient pas pouvoir donner assez d'éloges à la conduite si différente du roi Ferdinand. Je ne pouvais sur ce point être de l'avis des gens avec qui j'avais le plus de rapport d'opinions et d'affections politiques. Le 20 mars arriva pour nous tous. Mes antagonistes crurent trouver dans ce malheur domestique un argument irrésistible qui devait confondre tous mes raisonnemens; mais, quelque éloignement que j'éprouvasse pour une révolte dont j'avais en vain essayé de combattre le triomphe, dont j'étais bien déterminé à ne jamais reconnaître le pouvoir, je ne fis pas cependant sur la question de l'Espagne la moindre concession. Mon langage n'avait jamais été que celui d'une profonde conviction : l'indignation que m'inspirait l'esprit de trahison qui avait causé nos malheurs, heureusement passagers, ne pouvait me donner d'illusions sur les dangers de la conduite au moins aveugle qu'on s'était efforcé de suivre au-delà des Pyrénées. Je restai donc dans la triste croyance que ce pays n'avait point encore parcouru le cercle de toutes les agitations auxquelles il était condamné. Les révoltes partielles dont il fut le théâtre ne m'étonnèrent pas; je savais ce qu'il y avait de ferment de discorde et d'insurrection dans la ceinture maritime du royaume, et sous les marches même du trône. L'incapacité d'un Gouvernement qui persistait à préférer un système illusoire d'étouffement et de compression absolue à celui qui eût consisté à se mettre à la tête des réformes nécessaires, me confirma dans l'opinion que tôt ou tard le volcan qui fermentait sourdement aboutirait à une explosion d'autant plus terrible que le repos apparent des matières extérieures inspirait, au lieu des craintes trop fondées, une fatale sécurité. Les événemens de 1820 se sont chargés de justifier mes tristes pressentimens.

L'inhabileté des conseillers du roi avait précipité le trône dans cet abîme. La rébellion ne pouvait pas être plus sage ; elle répondit à l'impureté de son origine. En peu de jours, elle combla la mesure des plus coupables folies ; et, comme si elle eût pris à tâche d'effacer la trace des sujets de mécontentement que plus d'une faute du Gouvernement royal avait excités, en dépit de ses vœux, elle reporta bientôt vers le Gouvernement et vers la personne du roi tout l'intérêt et tout le dévoûment dont cette nation avait donné des preuves si touchantes et si constantes pour les premiers malheurs du même prince.

C'était alors que l'intervention de la France, mais j'entends son intervention armée, eût, à peu de frais, produit de grands résultats. Tous les amis de la légitimité, toutes les âmes généreuses qui ne peuvent voir de sang-froid compromettre l'ordre social d'un pays quelconque, et, à plus forte raison, de celui qui nous est uni par tant de liens, s'élevèrent pour réclamer l'adoption d'un système qui était tout à la fois le plus utile et le plus honorable; ils ne furent point écoutés. On eut la faiblesse de croire qu'on triompherait de cette révolution par de vains discours, ou qu'on pourrait la rendre infidèle à son origine, comme si l'on eût pu dissimuler aux autres et à soi-même qu'aux yeux des révolutionnaires de tous les pays, cette timide prudence ne serait que de la lâcheté. Tout ce qu'on obtint de cette honteuse politique, ce fut de laisser dégrader le caractère de cette malheureuse nation, d'en ébranler tous les principes, d'y jeter de tristes incertitudes sur la manière dont l'Europe et surtout la France envisageaient cette question, de laisser les âmes faibles s'abandonner au torrent, et par là de priver à jamais la royauté de serviteurs et d'auxiliaires utiles, qu'un premier faux pas, imputable à notre coupable politique, engageait dans les rangs des ennemis du trône; enfin, de déshériter soi-même son avenir immédiat de tous les résultats moraux d'une intervention victorieuse, à laquelle tôt ou tard il était impossible d'échapper : je dis les résultats moraux, car les résultats matériels ne valaient pas l'honneur de faire une question. Il n'y avait d'obstacles à vaincre que ceux que la mauvaise foi supposait, ou dont la pusillanimité non moins méprisable avait rêvé les fantômes.

Elle eut enfin lieu cette intervention, et, pour ce

qui est de la France, elle a produit les fruits les plus utiles et les plus nobles. Une armée qui se venge de ses calomniateurs par ses victoires*; un prince qui *se revèle tout entier*, et qui prouve à l'Europe que la sagesse et la modération de son caractère seront désormais les véritables garanties de ses dispositions pacifiques, quelques faveurs qu'ait eues pour lui la fortune, la révolte domptée, et plus encore humiliée devant le premier appareil des forces de la légitimité : certes, voilà sans doute de grands résultats pour la France; tel est le digne prix de nos généreux efforts. Mais, pour l'Espagne, quel nouvel ordre est sorti de cette défaite de la rébellion? Quel édifice s'est élevé sur ce terrain que nos succès avaient déblayé des constructions sans fondemens de l'erreur et de la trahison? C'était là cependant ce qui devait être le véritable fruit de la victoire. La restauration et le raffermissement de l'ordre social dans ce pays, tel devait être notre ouvrage. En ouvrant à l'Espagne de nouvelles sources de prospérité, de force et de grandeur, c'était travailler pour notre propre grandeur, c'était nous assurer, dans un avenir peu éloigné, le salaire le plus utile de nos secours. Mais aussi c'est ici que nous avons complétement manqué l'œuvre. Reculant devant quelques difficultés, qui étaient loin d'être insurmontables, du mauvais succès de l'absurde tentative d'introduire en Espagne une

---

* Pour justifier le système opposé à la guerre, des journaux, qu'on appelait ministériels, n'avaient pas honte de proférer, fût-ce en les désavouant, les craintes que quelques esprits aussi lâches qu'étroits concevaient sur la fidélité de nos troupes.

copie servile de nos institutions, nous avons conclu que ce pays était ingouvernable; et dès lors nous l'avons abandonné à toutes les oscillations que doit éprouver un vaisseau sans pilote, à tous les tiraillemens des passions en présence, à toutes les erreurs d'un *favoritisme* ignorant.

Peut-être quelques politiques à courte vue se flattent-ils encore, comme d'un triomphe, d'avoir échappé par l'arbitraire aux utiles barrières d'un pouvoir régulièrement limité; mais, je n'hésite pas à le dire, malgré ce que je trouve d'affligeant dans cette prédiction, l'avenir, d'accord avec le présent, prouvera combien il nous faudra regretter qu'on n'ait pas su donner une autre direction aux événemens de la Péninsule, qu'on n'ait pas su mettre sous la garantie d'un assentiment universel les améliorations politiques que trente ans de mauvais Gouvernement ont rendues indispensables.

Au reste, ce ne sont point les vaines théories de nos hommes d'Etat *au petit pied* dont je déplore qu'on n'ait pas fait usage. Mais si, depuis la fin du règne du noble Charles III, tous les ressorts du Gouvernement et de l'administration ont été successivement usés ou brisés, c'est en fouillant dans les archives de cette nation, dont la gloire et les lumières ont si long-temps contrasté avec la barbarie et les ténèbres du Nord, qu'on eût retrouvé des élémens d'ordre et de prospérité, et les bases de cette liberté véritable, qui n'est autre chose que l'exercice de toutes les facultés humaines dans les limites de la loi. Or, comme cette liberté ne peut se fonder que par ceux qui ont intérêt à l'observance et au maintien des lois, et qu'en Espagne, les représentans de cet intérêt, ce sont, à titre de propriétaires, la noblesse, le clergé et les communes (qui sont, par leur organisation municipale encore existante, la réunion de toutes les notabilités locales) ; c'est à l'intervention de ces trois ordres qu'il appartenait de rasseoir les bases de l'édifice social.

En présence d'une armée d'occupation dont l'attitude calme et impartiale est faite pour contenir les passions les plus exaltées dans une certaine mesure de modération ou au moins de prudence, quel pouvait être le danger d'un système de Gouvernement fondé sur quelque chose de plus respectable que l'arbitraire ministériel, exposé à méconnaître si souvent le respect dû à l'opinion publique, ou que l'ignoble influence d'un favori du plus bas étage qui ignore jusqu'aux conditions de l'existence d'un pouvoir que l'aveugle fortune a, dans un de ses caprices, laissé cheoir en ses mains? Tels sont cependant les traits les plus saillans de la physionomie politique de l'Espagne en 1824.

Tels étaient en 1815 les symptômes de cette maladie politique dont les meilleurs esprits et les plus fidèles serviteurs pressentaient et par avance déploraient les ravages. A cela près de ce surcroît de maux dont les trois dernières années doivent avoir affligé l'Espagne, l'aspect et le fond des choses était en 1815 ce qu'il est encore en 1824 ; mais alors, comme aujourd'hui, quelle voix eût pu faire parvenir jusqu'au trône le langage nécessaire d'une sévère vérité? Les agens subalternes du pouvoir obstruaient toutes les avenues. Ils n'étaient point descendus, il est vrai, jusqu'à ce trafic honteux de la pensée, dont il nous était réservé de voir les viles transactions ; reconnaissant leur impuissance à soutenir l'éclat de la lumière, ils avaient fait de complètes ténèbres, ils avaient eu la pudeur d'imposer un silence absolu, violence bien moins coupable que ce système de corruption qui, pour échapper à une censure juste et légale, ose en empoisonner la source, et fait d'un *parlage* acheté le mensonge de la liberté.

Mais, en dépit des efforts de tous ceux intéressés à prolonger en 1815 les erreurs du malheureux Ferdinand, il restait encore une tribune qui ne pouvait être fermée : cette tribune, c'était la chaire de vérité. Le ministre du Seigneur, rempli de la gravité du sujet, la fit retentir des plus nobles accens. C'est dans la chapelle royale, c'est en présence de toute la cour, que l'orateur chrétien veut frapper l'oreille et le cœur du monarque. Hâtons-nous d'ajouter que, si cette généreuse tentative ne produisit pas de durables améliorations, elle eut au moins des succès immédiats. Le favori dangereux fut éloigné ; mais le reste des conseils ne fut pas suivi, le fond du système ne fut pas corrigé, et de fautes en fautes on arriva à la triste catastrophe.

Je ne connais pas de morceau qui réunisse à un plus haut degré tous les caractères de l'éloquence que ce sermon, prêché, dans un pareil but, devant le roi et la famille royale, le troisième Vendredi de Carême de cette année 1815 ; et c'est parce qu'indépendamment de l'importance du sujet, j'ai rarement lu quelque chose qui m'ait plus profondément touché, que j'ai voulu essayer de faire passer cette production dans notre langue, et associer mes compatriotes à l'effet qu'elle a toujours produit sur moi. Je n'hésite point à dire que ce sera complétement ma faute, si je ne parviens pas à communiquer l'émotion que m'a fait éprouver la lecture d'un morceau qui dépose si honorablement en faveur d'un peuple dont l'ignorance et l'incapacité affirment, avec autant d'assurance que de légèreté, qu'il est devenu étranger à tout sentiment d'honneur, à toute espèce de lumières et à tous talens.

TRADUCTION

D'UN SERMON,

du troisième Vendredi de Carême, prêché devant le Roi notre Seigneur, dans sa Chapelle royale, le 24 février 1815;

Malos malè perdet, et vineam suam locabit aliis agricolis.
MATH. CAP. XXI, LUC. CAP. XX.

Il perdra les méchans, et confiera sa vigne à d'autres cultivateurs. MATH. CHAP. XXI, LUC. CHAP. XX.

SIRE,

Dieu ne permet aux hommes, ni de pénétrer dans la profondeur de ses jugemens, ni souvent même de comprendre la sentence qui en découle; il se borne à les laisser connaître à l'heure et au moment qu'il lui plaît, car il sait qu'ils portent en eux toute la force de leur propre justification, sans laisser la moindre voie d'excuse au pécheur, dont ils fixent irrévocablement le sort, selon le droit de ses mérites. L'orateur chrétien, dont le devoir est de communiquer la parole divine à Votre Majesté et à son peuple , n'est autre chose que l'agent, que l'instrument chargé de publier ces arrêts, d'annoncer la sentence fulminée contre l'homme injuste, contre les mauvais administrateurs et les colons infidèles de cette vigne mystérieuse que nous présente aujourd'hui le champ de l'Evangile; de cette vigne plantée par le Sauveur lui-même, au prix de tant de travaux; de cette vigne qu'il arrosa de son inestimable sang, qu'il enrichit de la sainteté des sacremens, qu'il féconda de sa doctrine, qu'il mit sous la protection de la très-sainte Marie, image divine de cette tour miraculeuse de David où sont suspendus les mille boucliers qui nous défendent; de cette vigne...... disons-le sans plus de figures, de cette vigne qui pour nous n'est autre que le royaume des Espagnes , héritage privilégié que le souverain Père de Famille a confié à vos soins, au milieu de tant de prodiges que vous n'avez pu méconnaître, et dont les fruits doivent répondre à son paternel amour. Mais cet arrêt dont je viens de parler, cet arrêt n'a condamné que le cultivateur infidèle; il n'a point de rigueurs pour le cultivateur diligent : s'il doit frapper l'impie de terreur, il est en même temps la consolation du juste. Qu'il confonde donc en sa paresse l'ouvrier négligent, mais qu'en Votre Majesté il ne serve qu'à réveiller cette vigilance active et chrétienne qui indique les meilleures voies d'administration. Ces vœux, Jésus-Christ les autorise; c'est lui, ce père adoptif de la vigne évangélique dont son Église nous entretient aujourd'hui, c'est lui, c'est son Église, qui nous permettent d'aspirer à ce bien.

Malos malè perdet, et vineam suam dabit aliis agricolis.

La sentence est sans appel : le Seigneur l'a dit, le Seigneur l'accomplira. Le colon qui ne cultive pas soigneusement la terre confiée à ses soins, le roi qui n'administre pas avec justice le royaume dont il a reçu le dépôt, s'exposent l'un et l'autre à en être dépouillés. Anathême terrible, et si terrible, qu'en entendant proférer cette épouvantable menace, les Juifs, selon l'Évangile, s'écrièrent : *Absit!* Grand Dieu! ne le permettez pas! Et nous, sommes-nous donc réservés à tant de maux? Non, non, je l'espère, la droiture de Votre Majesté nous préservera de tels malheurs; mais le moyen véritable d'en être à jamais à l'abri, c'est d'en avoir sans cesse la crainte devant les yeux. C'est parce qu'ils veulent méconnaître ce danger, que Baltazard perd sa couronne et le jour et son âme, quoiqu'il ait à ses côtés un saint, tel que Daniel, qui le prévient à temps de l'écroulement de son trône; que Saül perd avec le sceptre et la vie et son âme, en punition de son mauvais gouvernement, sans que les exhortations du prophète Samuel puissent racheter l'inflexible sentence! C'est pour s'obstiner à méconnaître ce danger, que Roboam voit son royaume déchiré passer en d'autres mains, en châtiment de ses coupables caprices, de son mépris pour les sages conseils des vieillards! Telle est la source et la cause des malheurs que la perversité d'Achab attire sur sa tête, en dépit des avertissemens salutaires du grand Elie. C'est cet oubli des devoirs du Gouvernement qui coûte aux Romains les Espagnes; qui ravit cette couronne aux fils des Goths, pour la faire passer aux mains des enfans d'Agar, qui, de nos jours enfin, a livré toute l'Europe.....

Mais à quoi bon me fatiguer de tant de citations? Votre Majesté n'est-elle pas le témoin oculaire le plus irréfragable, le témoin le plus immédiat de la nouvelle évidence de cette vérité dont l'Evangile nous entretient aujourd'hui? Ses yeux n'ont-ils pas vu un exemple assez récent des jugemens infaillibles de Jésus-Christ? Plus le souvenir qu'en garde Votre Majesté, sera présent à vos méditations, plus votre félicité et celle de votre peuple seront assurées. Le Père de Famille n'ignore pas que vous ne pouvez assister en personne à tous les travaux de cette grande vigne; il sait qu'il est impossible que vous n'ayez pas recours à des ouvriers pour sa culture. Si donc vous voulez travailler à votre bonheur et au nôtre, si vous voulez n'avoir rien à craindre des rigueurs de la sentence, il vous faut veiller sans cesse et appliquer vous-même les justes rigueurs de l'arrêt aux colons infidèles que vous avez chargés de la culture, et qui ne s'acquittent pas de leurs devoirs...... *Malos malè perdet*, *etc.* Chercher à bien vous pénétrer de la nécessité de cette vigilance, tel sera, Sire, le sujet de mon discours. Je n'en connais point de plus digne d'appeler toute votre attention; mais, pour le traiter avec l'utilité que je desire, pour qu'il produise tous les fruits que je voudrais voir votre grande âme et tout ce peuple en recueillir, j'ai besoin d'implorer la grâce divine .... *Ave Maria*....

Malos malè perdet, etc.

§ I^e.

O combien la parole de Dieu est vivante et efficace; et que l'apôtre saint Paul a dignement caractérisé cette vie et cette efficacité lorsqu'il a dit : *Vivus est sermo Dei et efficax!* Plus pénétrante que l'épée à deux tranchans, son fil acéré suffit à séparer l'âme de l'esprit qui la domine, jusqu'à ce qu'elle ait mis à nu les pensées les plus secrètes du cœur, *discretor cogitationum cordis;* mais cette ineffable vertu, dont sont empreintes toutes les paroles que Dieu laisse arriver jusqu'à ses créatures, ne brille nulle part avec plus d'éclat que dans la terrible sentence prononcée contre le colon infidèle : *Malos malè perdet.....* Celui qui s'en pénètre éprouve les heureux effets de la crainte salutaire qu'elle inspire ; elle peut suffire à la réforme du colon paresseux, de l'administrateur infidèle, du roi le plus égaré, le plus distrait de ses devoirs.

Mais se pourrait-il que mes paroles fussent sans force sur votre âme ? Eh bien, Sire ! écoutez la grande Thérèse de Jésus, notre mère, la gloire de l'Espagne, la joie de la céleste Jérusalem. Cette illustre Vierge était tout zèle et tout amour pour le trône de saint Ferdinand où nous avons le bonheur de vous voir assis. Votre immortel aïeul, le juste, le sage Philippe II était l'objet de sa bienveillante affection, souvent de ses maternels avertissemens. Affligée de le voir entouré de tant de flatteurs, et de ne point trouver près de lui, ainsi qu'il en eut besoin dans telle circonstance de son règne, un seul homme qui lui dît la vérité, la sainte résolut de lui en faire entendre le langage. Elle le résolut parce qu'elle l'aimait. Sans doute, son cœur s'émut profondément, mais elle dut se dire : il vaut mieux que mon cœur souffre, et que mon roi et mon pays ne se perdent pas. Elle ne pouvait monter dans cette chaire pour y faire retentir la parole divine ; car quoique l'Église n'ait point eu de plus illustre docteur, sa qualité de femme le lui interdisait ; mais comme ambassadrice du Roi éternel, *regis superni nuntia*, en deux simples lignes, elle mit sous les yeux du monarque tout ce que je viens de dire, tout ce qui me reste encore à dire dans ce discours :

« Ressouvenez-vous, Seigneur, que Saül fut un roi élu, » et un roi sacré. » Telles furent ses admirables paroles.

A la lecture de ce peu de mots, l'histoire nous apprend que le grand prince s'étonna, mais qu'aussitôt, il reconnut que c'était Dieu qui lui parlait par l'intermédiaire de la céleste héroïne, qu'il revînt en lui-même, et échappa à certaines négligences qui l'avaient mis en péril, qu'il redoubla de vigilance, et que ce fut ainsi qu'il assura la gloire et la prospérité de son règne ; enfin, qu'il arriva à un tel état de perfection que, peu de temps après, la vénérable Stéphanie des Apôtres, fille en Dieu de notre illustre sainte, le vit sortir rayonnant du tribunal de Jésus-Christ, sous la protection de la très-sainte Vierge pour laquelle il avait toujours eu une dévotion particulière.

L'Esprit-Saint n'a pas daigné m'accorder cette puissante inspiration dont il avait doué sainte Thérèse, mais je ne le cède à qui que ce soit en amour pour votre personne royale, en vœux ardens pour votre félicité et pour celle de votre royaume : je n'ai point d'autre intérêt sur cette terre, vous le savez. C'est parce que je vous aime, que je ne vous flatte point, que je vous dis la vérité tout entière, que je vous répète avec notre Sainte mère : « Ressouvenez-vous, im- » mortel Ferdinand, que Saül fut aussi roi, que ce roi fut » l'élu du Seigneur, qu'il fut consacré par son prophète, et » qu'à la fin rejeté par Dieu, il perdit et la couronne, et le » jour et son âme, pour n'avoir pas satisfait à ses devoirs. » Oui, Sire, cette sentence sortie de la bouche de la sainte, n'est que le résumé de l'Évangile, de ce jour où le Père de Famille nous enseigne qu'il chassera le mauvais laboureur, qu'il donnera sa vigne mystérieuse à d'autres pour qu'ils la cultivent avec plus de fruit. *Malos male perdet.*

Mais pourquoi n'espérerais-je pas de votre âme pure qu'elle ne sera pas moins heureusement touchée de ces paroles que ne le fut autrefois celle de Philippe, votre héroïque aïeul ? Non, je n'en veux pas douter. Déjà je vous vois, plein de vigilance, rejeter loin de vous ceux qui ne vous aiment pas, ceux qui ne vous disent pas la vérité ; déjà je vous vois purger les administrations et même les ministères de ces impuretés (s'il m'est permis de m'exprimer ainsi) qui s'y sont introduites, à la faveur et dans la confusion de nos derniers malheurs; déjà je vous vois visitant les cultivateurs de la vigne, surveillant leurs travaux, et ne négligeant rien pour qu'elle donne en son temps les fruits les plus savoureux. S'il n'en est point encore ainsi, sachez, Sire, qu'il en doit être ainsi pour votre félicité, pour celle de votre royaume.

Par exemple, dans cette vigne symbolique d'Espagne, qui n'est autre que la bonne administration du pays, il y a des ouvriers de finance : ceux-ci doivent avoir les mains pures et une réputation sans tache, afin qu'ils ne puissent être soupçonnés de vues d'intérêt personnel, accusés de coupables préférences en faveur de leurs amis, de leurs parens ou de leurs proches, soit dans la répartition des grâces, soit dans l'emploi des deniers de l'Etat. Mais qu'arrive-t-il à cet égard ? A peine ai-je dit un mot de cette espèce de devoirs, que déjà je me trouve assailli des plaintes et des gémissemens de tout un peuple, réduit à déplorer un état de choses si contraire à celui que mes vœux appellent. Il me faut bien reconnaître avec ce peuple qu'à peine un de ces ouvriers entre-t-il en quelque emploi, qu'aussitôt son unique soin est d'élever sa maison, sa famille, ses amis, et cela à la face de la nation, sans songer qu'il ne se commet pas une injustice sans qu'elle ait pour témoins des milliers de sujets méritans, frustrés des récompenses qui devaient leur appartenir, des milliers de personnes qui voient l'emploi refusé à leurs services méconnus passer aux mains de celui qui ne l'a point mérité, et qui le reçoit peut-être comme salaire d'une iniquité, grâce à l'intervention d'une honteuse complice. Quel tableau plein d'horreur! et cependant, Sire, c'est celui de la vérité. La vigne ne produit plus que des ronces et des épines, c'est-à-dire des ressentimens, des plaintes et des gémissemens, pour lesquels vous n'aurez point de remède, si vous ne voulez fulminer la sentence du Père de Famille, en chassant d'aussi pervers cultivateurs..... *Malos malè perdet.*

Ce n'est pas tout encore; dans cette vigne symbolique d'Espagne il y a des ouvriers militaires : les actions héroïques des défenseurs de la patrie, qui relèvent de cette branche d'administration, réclament pour eux l'application d'une justice rigoureuse. Ils ont droit, les membres de cet ordre respectable, à ce qu'on ne s'écarte point, à leur préjudice, des règles prescrites pour la répartition des emplois, pour la dispensation des grâces; ils ont droit à ce que le privilége des faveurs n'appartienne qu'au mérite le plus éminent, à ce qu'à la valeur et aux travaux pénibles ne soit jamais préférée la lâcheté ou l'oisive nullité. Telles sont les justes exigeances d'une profession dont l'honneur est le principal élément. Mais en arrive-t-il ainsi? Ah' Sire, des milliers de braves déplorent l'oubli de toute équité et le scandaleux désordre qui, dans cette branche d'administration, ont pris la place de vos justes et généreuses intentions! des milliers de dignes militaires se voient préférer des hommes d'intrigue et de faveur, qui n'ont à étaler que des titres mensongers, uniquement occupés du soin d'éclipser le vrai mérite, de peur qu'il ne se fasse reconnaître à son éclat! des milliers de valeureux serviteurs, dont la fidélité à Votre Majesté et à la patrie ne s'est jamais démentie, voient passer devant eux un tas d'hommes souillés des flétrissures de la trahison, et à qui l'intrigue a valu les grades qui ne devaient être que le partage de ceux qui ne les ont point obtenus! des milliers de héros couverts de blessures, couturés de cicatrices, dignes des plus grandes récompenses, gémissent abattus sous le poids de l'indigence, ou trainent leur hideuse misère de province en province, ou peut-être sont plongés dans les cachots, et cela parce que leurs infortunes n'ont point trouvé de cœurs qui compatissent à leurs maux, que nul n'a pensé à réclamer pour eux les droits de la justice ! J'entends les cris de ces malheureux, je vois leurs mains suppliantes tendues vers le Ciel, c'est à la justice de Votre Majesté qu'ils s'adressent, qu'ils lui demandent d'appliquer la sentence du Père de Famille aux administrateurs infidèles par lesquels ils ont souffert..... *Malos malè perdet....*

Enfin, dans cette vigne, il y a des ouvriers innombrables de justice répartis en tribunaux, gouvernemens de provinces, et autres emplois chargés de l'administrer aux peuples. Mais de quels désordres cette classe d'ouvriers n'offre-t-elle pas l'image ? En quelque lieu de la péninsule que se portent mes regards, à quelques discours que je prête l'oreille, je ne vois, je n'entends que des plaintes amères, et toute la surface du royaume m'apparaît comme un hôpital semblable à celui de la piscine de Siloé où chacun déplore sa triste destinée.

Les uns s'écrient que la puissance trouble les lumières de la justice, que la faveur et l'influence emportent la balance du côté de leurs adversaires, que les siècles ne suffiraient pas pour voir triompher leurs justes réclamations ensevelies dans l'oubli. D'autres gémissent de ce qu'à défaut d'argent il n'y a pour eux ni droits ni justice, et de ce que l'absence de cet auxiliaire tout-puissant rend vains leurs travaux et leurs peines. Des milliers d'opprimés se plaignent de ce que dans la conduite d'une affaire, on les a dépouillés sous le nom *de droits* de tout ce qu'il possédaient sans leur laisser autre chose que le lit de misère sur lequel ils ont été jetés, et duquel ils ne se leveront plus, à moins que Jésus-Christ ne vienne leur tendre la main comme au paralytique de l'Évangile. Sire, cette conduite criminelle afflige votre peuple, elle l'abreuve de douleur, elle le mène jusqu'au terme fatal du désespoir le plus dangereux : elle exige que Votre Majesté applique aux administrateurs infidèles, auteurs de tant de maux, la sentence du Père de Famille.... *Malos malè perdet.....* etc.

§ II.

Quoi, Sire, serions-nous donc assez malheureux pour qu'au moment où nos chants de victoires sont autorisés par nos victoires sur l'ennemi du dehors, l'ennemi domestique nous exposât à des dangers non moins grands? Serait-il possible qu'après tant de soins pris par Votre Majesté pour chercher des hommes pénétrés du devoir de travailler au bonheur public, la vigne de cette nation, au lieu de fruits savoureux, restât condamnée à ne produire que des ronces et des épines? Serait-il possible que tous ces magistrats et ces conseillers qui, au prix de tant de travaux, et souvent au péril de leur vie, ont donné tant de preuves de fidélité envers la personne de Votre Majesté, envers la patrie et la religion de nos pères, fussent tout à coup devenus ou indifférens ou infidèles à l'accomplissement de leurs devoirs?

Serait-il possible..... mais que dis-je? Ne me semble-t-il pas entendre ces ministres et ces magistrats s'écrier :

« Ce n'est pas nous qui sommes l'obstacle à la félicité pu-
» blique. Je ne puis rien faire de plus, dit celui-ci; je mets
» tout en œuvre pour découvrir les voies d'équité et pour les
» faire prévaloir; mais un homme funeste, *inimicus homo,*
» une main occulte, un ennemi secret sème la zizanie et rend

» vains tous mes efforts. » Quelle calamité ! « Ne vous en
» prenez point à moi, dit le magistrat, j'obéis aux ordres
» du Roi, je veille à l'exécution des lois, je m'applique à
» à l'étude des questions que je voudrais toutes résoudre se-
» lon la justice ; je m'efforce de discerner le bon droit, mais
» l'homme funeste, *inimicus homo*, la main occulte renverse
» et confond tous mes efforts. » Quel immense sujet d'afflic-
tion ! « Nous n'omettons aucuns soins pour assurer le bien-
» être du soldat, disent les généraux du mérite le moins
» contesté, de l'expérience la plus consommée ; nous récla-
» mons sans cesse en faveur d'une équitable répartition des
» grades et des récompenses ; enfin nous contribuons de
» tous nos moyens à la meilleure organisation de l'armée ;
» mais l'homme funeste, *inimicus homo*, trompe toutes nos
» espérances, se rit de nos plus justes projets, et nous plonge
» tous dans la plus grande perplexité. » Tel est, Sire, tel est le
langage de la plupart des travailleurs à qui vous avez confié
la culture de cette grande vigne.

Quelle est donc cette main occulte ? quel est donc cet
homme funeste qui rend vaines les intentions les plus pures
de Votre Majesté, qui se joue des ouvriers qu'elle emploie ?
Ah! Sire, soyez sur vos gardes ! l'auteur de tant de maux
n'est pas loin : c'est au milieu de nous qu'il s'agite. Qu'il nous
sera facile de le reconnaître, si nous le cherchons avec attention ! Mais, que dis-je ? ne le vois-je pas déjà ? Oui, je le
vois ! Je vais donc le nommer..... Non! ce lieu ne doit point
être profané du nom du pécheur. Je me bornerai à tracer
son portrait ; c'en est assez pour porter remède à nos
maux. Ecoutez donc. Cet ennemi, cet homme funeste, c'est
celui qui repousse la paix ; celui qui se nourrit et s'engraisse
de nos discordes ; celui qui se réjouit des inimitiés et des
haines qui déchirent cette nation ; celui qui se montre insen-
sible à ce jugement du Sauveur qui prononce la désolation

et la ruine du royaume divisé; celui qui méconnaît la prière de notre divin Maître, alors qu'il demandait à son Père éternel que nous fussions tous unis en amour comme le sont le père et le fils par les liens de la nature; celui qui ferme obstinément ses yeux et ses oreilles à cette importante vérité que l'apôtre saint Paul attachait tant de prix à graver dans les âmes chrétiennes. Celui-là est un antéchrist, une bête féroce, car il en a le cœur et les œuvres, et, comme tel, il doit être rejeté loin de la société des hommes, pour aller vivre dans les bois et les déserts avec ses semblables. Cet ennemi, c'est celui qui, à la faveur d'une perfide vocifération de *vive Ferdinand, la patrie et la religion!* s'est introduit dans le Gouvernement, pour y mettre à la place de l'ordre une sourde anarchie, pour assouvir son insatiable ambition, pour se gorger de places, de pensions et de dignités, aux dépens de ce peuple innocent qui en fait les frais. Cet ennemi..... qu'il sera facile à Votre Majesté de le reconnaître! Qu'elle daigne observer avec quelque attention ceux qui se présentent à elle, fût-ce avec de prétendus plans d'économie destinés à soulager la patrie; qu'elle leur regarde aux mains, alors qu'ils se retirent d'auprès d'elle, si quelques lambeaux, je veux dire quelque emploi, se sont attachés à leurs doigts crochus *. N'en doutez pas, Sire, ce sont là les hommes que nous signalons, qui nous font tant de mal, qui ont fait naître un nouveau proverbe qu'on entend maintenant partout sur son passage, jusque dans la bouche des enfans : *Vive le roi Ferdinand, pourvu que nous continuions à dépouiller la patrie* **.

Enfin, cet ennemi, Sire, c'est celui qui paralyse les réso-

---

* Si llevan carne en las unas , esto es algun empleito.

** Viva *Fernando* , y vamos *robando !*

    verbe rimé et vulgaire, comme le sont tous les proverbes ,

lutions les plus sages et les plus justes émanées de Votre Majesté, et qui dérobe à la nation les heureux fruits qu'elles auraient dû produire. Hélas, de combien de conséquences funestes n'est pas suivi un désordre aussi effrayant? Les ministres de l'autel en éprouvent les effets, vos soldats les déplorent, et les ennemis du trône en prennent occasion de censurer Votre Majesté, de l'attaquer de tout ce qu'ils ont de moyens d'offense dans leur système de malveillance. Oui, Sire, cet homme funeste, cet ennemi, selon l'expression de saint Augustin, n'est autre que le démon lui-même revêtu de chair, mais sous une forme si subtile, qu'il ose essayer de se glisser jusqu'en votre cabinet, pour y semer la zizanie et vous séparer de ces deux anges que Dieu mit à vos côtés pour vous assurer les charmes ou les consolations de leur société. Vous m'entendez, Sire, je parle des infans, vos illustres frères. Le but de l'ennemi est manifeste : il s'agit de vous isoler, de vous priver de tout appui, afin que votre grande âme puisse plus facilement devenir la proie du démon, du monde et de la chair. Mais c'est ici que votre justice et votre vigilance doivent briller dans tout leur éclat, en arrachant le masque à ce monstre à figure humaine, et en le rejetant loin de vous. A peine aurez-vous accompli cette œuvre d'équité, que vous verrez la vigne que le Père de Famille vous a confiée, se couvrir de fruits abondans et de fruits exquis, et que les travaux désormais féconds de vos ouvriers ne vous réduiront plus à fulminer contre eux l'arrêt d'expulsion. C'est alors que vous verrez suspendues

---

pour être traduit par un équivalent, devrait peut-être l'être ainsi : *Vive le roi Ferdinand, mais volons lui son argent !* Il n'est qu'une image trop vraie de la corruption sous le masque d'une fausse fidélité.

aux rameaux vigoureux des grappes plus miraculeuses que celles de la terre promise : c'est-à-dire que les résultats les plus glorieux pour le bien de la religion et de la patrie proclameront l'Espagne la reine des nations catholiques. Alors, Sire, vous pourrez vous présenter avec confiance devant le souverain Maître et lui dire avec vérité :

« Voici, Seigneur, cette vigne que vous avez confiée à » votre serviteur. Je la reçus pleine de ronces et d'épines, » affligée de mille autres maux; je puis vous la remettre flo-» rissante, enrichie des fruits les plus savoureux. Ou, en » d'autres termes, vous pourrez dire : Seigneur, je reçus ce »royaume privé de la paix, de l'union, de l'obéissance aux » lois, de toute tranquillité, déchiré par des factions con-» traires, en un mot, tel qu'une image véritable de l'enfer; » le voilà plein de paix, d'union, de tranquillité; toutes les » haines sont éteintes, tous les cœurs soumis à votre loi, à » celle de votre Eglise, à celle du serviteur que vous avez » préposé à sa garde; tel que je l'ai fait, le voici. »

Qui pourrait donc vous arrêter dans l'accomplissement d'une aussi belle destinée; pourquoi mes vœux et mon espoir seraient-ils déçus? Non, ils ne le seront pas; la pureté de votre cœur, votre amour de la justice, la droiture de vos intentions, votre sollicitude pour le pauvre et pour le faible, les miracles sans nombre à l'aide desquels Dieu vous a conduit au trône de cette héroïque nation, tout nous assure que ce même Dieu ne laissera point son ouvrage imparfait. Cette cause est la sienne, c'est de sa main que nous viendra le remède. Celui qui fait habiter sous le même abri le lion et le timide agneau, celui-là fera que les Espagnols les plus opposés de sentimens et d'opinions se tendent les bras les uns aux autres, mangent à une même table, dorment sous un même toit. Contribuez, Sire, à ce grand œuvre, et vous verrez pleuvoir sur Votre Majesté et sur votre royaume les bénédictions du Très-Haut (*). La miséricorde n'a rien d'incompatible avec la justice. Ces deux attributs réunis ne peuvent que rehausser l'éclat de la majesté. Ce sera par l'application prudente et judicieuse que vous en ferez dans les circonstances présentes, que vous soutiendrez dignement votre titre de catholique, de fidèle et laborieux cultivateur de la grande vigne d'Espagne, bien plus, que vous verrez votre nom associé à l'expression de ces louanges ineffables dont l'inspiration première fut destinée au Roi éternel. *Rex*

* Quand on exhorte Sa Majesté à travailler à la réconciliation et à la réunion des Espagnols, ce n'est point d'un amalgame aveugle et imprudent qu'on veut parler. On peut diviser en trois classes ce qu'il y a de dissidens parmi nous. La première se compose des hommes profondément pervers et incorrigibles, qu'il ne faut pas même songer à ramener. Ceux-ci, il faut les repousser à jamais. Dans la seconde classe, on peut ranger ceux qui ne se sont écartés de leurs devoirs qu'entraînés par leur faiblesse ou séduits par les lumières d'une fausse sagesse; si ceux-là reconnaissent leurs fautes, et sollicitent d'être admis à donner de nouvelles preuves de dévoûment, il est à propos de ne pas les repousser ; mais, avant cependant de les admettre à la confiance et aux emplois, il faut que le Gouvernement ait acquis, par un examen, la preuve de la sincérité de leur retour. Par cette ligne de conduite, l'autorité royale ne perd rien de sa force ni de sa dignité, et le Gouvernement échappe à l'inimitié de ces milliers de parens, d'amis ou de partisans intéressés au pardon accordé. Le Roi, notre maître, nous a déjà donné l'exemple de ce précepte, en admettant, au retour de ses bonnes grâces, et même à sa confiance des hommes qui, quoique ayant servi dans des rangs opposés, lui ont donné depuis des preuves récentes de dévoûment. Ceci n'a rien qui ne s'accorde parfaitement avec la loi de Jésus-Christ. Enfin, on doit rejeter dans la troisième classe ces hommes faibles et mobiles, qui sont de l'espèce des girouettes ; il n'y a pas le moindre cas à faire de pareilles gens ; il suffit de les surveiller.

pacificus, magnificatus est cujus vultum desiderat universa terra. Ferdinand le juste et le pacifique a éternisé son nom, et ses fidèles sujets cherchent avec amour la bienveillance de ses regards. Voilà, Sire, les biens sans nombre que j'attends de la vigilance à laquelle je vous ai exhorté.

Dieu de ma vie, Jésus de mon cœur, daignez écouter nos prières, daignez exaucer les vœux que nous vous adressons pour votre serviteur, pour notre bien-aimé Ferdinand, et pour son royaume catholique! Vous le savez, Seigneur, c'est en vain que l'architecte travaille à élever un édifice, que le gardien d'une ville veille à sa conservation, si la main de votre adorable providence ne vient pas consommer l'œuvre. C'est de votre protection spéciale que nous avons besoin pour arriver à tant de biens; daignez nous inspirer cette ardeur de charité que vous apportâtes dans ce monde, cet esprit de paix que vos anges annoncèrent aux pasteurs, que vous avez tant de fois recommandé à vos disciples de prêcher, et d'inculquer au cœur des enfans d'Adam. *Pax vobis..... pacem relinquo vobis..... pacem meam do vobis.....*

C'est ainsi que nous ne ferons plus qu'une âme et qu'un cœur selon vos volontés; c'est seulement ainsi que nous deviendrons d'utiles cultivateurs dans la vigne de cette nation catholique, et, que pressés autour du meilleur des Rois que votre miséricorde pouvait nous départir, nous passerons tous ensemble à la cité de paix pour y jouir de votre vue dans la gloire éternelle. Ah Sire! Ainsi soit-il. *Amen.*

IMPRIMERIE DE C. J. TROUVÉ, RUE DES FILLES-ST.-THOMAS, N. 12.